Contes et Sophrologie

20 histoires originales
pour les enfants hypersensibles

Éditions
MILLE ET UNE

Un livre des éditions MILLE ET UNE

auteurs : Élisabeth Duval & Victor Lemoine

Les illustrations sont réalisées par Camille Chevalier, avec le support de technologies de génération d'images.

Toute reproduction ou représentation intégrale ou partielle, par quelque procédé que ce soit, de la nomenclature et/ou du texte et des illustrations contenus dans le présent ouvrage, et qui sont la propriété de l'Éditeur, est strictement interdite.

SOMMAIRE

Cher parents,   1
- Une petite introduction
- Mais c'est quoi la sophrologie ?

Le petit nuage   5
- Se détendre et s'endormir

Le bouclier doré   9
- Se protéger des énergies négatives

Zoé et la cascade magique   13
- Accepter ses émotions

Le plus fort des ours   16
- Développer la confiance en soi

Nougat l'écureuil au grand coeur   19
- Découvrir le pouvoir des pensées positives

La voie de la forêt   23
- Vivre dans le moment présent

Le voyage des émotions 26
- Contrôler ses émotions

Le rêve de Juliette 30
- Persévérer et croire en soi

La fontaine de Merlin 33
- Transformer ses émotions négatives en éclats de lumière

L'ogre poilu 37
- Voir au-delà des apparences

Les lasagnes aux 100 pouvoirs 41
- Créer sa zone de sécurité et développer son imagination

Le passage magique 45
- Découvrir la puissance du rire

L'école des erreurs 48
- Accepter l'erreur avec le sourire

Lumina et la Rayonelle 51
- Garder espoir même dans les moments difficiles

Bob le petit chiot — 54
- Se relaxer et se détendre

Le vol des libellules — 58
- Cultiver la tolérance envers les autres

Béa la reine de l'océan — 61
- Respecter les autres et ce qui nous entoure

Courir sur les nuages — 64
- Se détendre et se relaxer pour dormir

Au-delà des hauteurs — 67
- Surmonter ses phobies

L'envol de la peluche — 70
- Discuter même quand c'est difficile

Cher parents,

Ce livre contient 20 contes, chacun explorant diverses thématiques de la sophrologie. L'objectif est d'améliorer le bien-être, de renforcer la confiance et de favoriser la compréhension des émotions chez les enfants âgés de 5 à 10 ans. Chaque histoire est unique et originale, visant à enseigner de manière ludique différentes techniques de sophrologie, des compétences qui accompagneront les enfants tout au long de leur vie. Les histoires offrent aux enfants la possibilité de s'identifier à différents personnages et d'apprendre grâce à leurs aventures.

Chaque histoire explore des thèmes ou des sentiments fréquemment rencontrés au quotidien par les enfants, tels que la tristesse, la colère, le stress, les angoisses, le manque de confiance en soi, autant de sources potentielles de questionnement.

Tout au long du livre, votre enfant découvrira des aspects de lui-même et explorera le pouvoir qui sommeille au fond de lui. Il explorera la possibilité de transformer ses pensées négatives en éclats de lumière grâce à une fontaine magique construite au cœur d'une forêt par un mystérieux Merlin. Il comprendra que l'erreur est normale et constitue une source d'apprentissage grâce à une école unique et à un professeur plutôt chouette ;). Chaque exercice plonge l'enfant dans un monde imaginaire magique où il se sent en sécurité. Les histoires ont été conçues pour aborder les sujets de manière douce et adaptées aux enfants hypersensibles en pleine construction, avec pour seul mantra : éduquer et amuser sans choquer.

Les exercices de visualisation que nous proposerons tout au long du livre sont particulièrement adaptés aux enfants, réputés pour leur imagination débordante.

Les objectifs du livre en mots-clés :

- SE RELAXER
- RENFORCER LA CONFIANCE EN SOI
- FOURNIR DES OUTILS PRATIQUE
- ACCOMPAGNER LES CHANGEMENTS DE VIE
- COMPRENDRE ET EXPRIMER SES ÉMOTIONS
- INCULQUER DES HABITUDES POSITIVES
- SE SENTIR EN SÉCURITÉ
- S'ENDORMIR FACILEMENT

La pratique de la sophrologie peut commencer dès l'âge de 4 à 5 ans, dès que l'enfant parvient à maintenir une concentration suffisante pour suivre les différentes histoires.

Mais c'est quoi la sophrologie ?

La sophrologie, créée en 1960 par le neuropsychiatre colombien Alfonso Caycedo, est souvent perçue comme un remède magique (ou presque) pour canaliser les petits tourbillons d'énergie que sont nos enfants. Elle vise à harmoniser le corps et l'esprit en utilisant des techniques de relaxation, de respiration et de visualisation. Les bienfaits observés par les personnes pratiquant régulièrement la sophrologie incluent l'affinement de l'état de conscience, une meilleure compréhension de soi et de ses émotions, ainsi que la diminution des peurs.

La pratique de la sophrologie peut être extrêmement bénéfique pour l'enfant, lui offrant l'opportunité d'acquérir des techniques pour surmonter de nombreuses difficultés tout au long de sa vie, renforçant ainsi sa confiance en lui à travers ses propres capacités. À travers les histoires du livre, nous rendons ludique l'apprentissage de la sophrologie et aidons l'enfant à comprendre le but des techniques sophrologiques à travers des exemples concrets.

Il a également été observé que dans un contexte scolaire, la sophrologie peut se révéler être un atout précieux pour améliorer la concentration et la gestion du stress, conduisant ainsi à une amélioration de l'attention en classe et de son aisance à l'oral.

Canaliser ses émotions, savoir les exprimer et les accepter peut être un vrai défi, en particulier pour les enfants hypersensibles. La sophrologie peut les accompagner dans ces différents aspects et également les aider à renforcer leur sécurité intérieure ainsi que leur confiance en eux. Connaître des techniques de respiration peut également devenir un réel atout lorsque l'enfant se sent submergé par un flot d'émotions étouffant, lui permettant de se recentrer sur lui-même et de restaurer son calme intérieur.

En résumé, la sophrologie est une clé supplémentaire dans le développement de votre enfant, déverrouillant une panoplie de bénéfices et de techniques qu'il est judicieux d'acquérir dès le plus jeune âge. Prêt à essayer? Alors tous à bord du train de la sophrologie.

Le petit nuage

Se détendre et s'endormir

Est-ce que ça t'arrive parfois d'avoir du mal à t'endormir ? Ce soir, tu vas voir, ça va être super amusant. Tout au long de cette histoire, fais de ton mieux pour te concentrer uniquement sur ma voix. Une fois bien installé(e) dans ton lit, allongé(e), les bras le long du corps, prends simplement conscience de ta respiration. Inspire doucement par le nez, puis expire en soufflant par la bouche. Sens comment ton ventre se gonfle quand tu inspires et se dégonfle quand tu expires. Répète ça quelques instants, en te laissant emporter par le rythme apaisant de ta respiration.

1, 2, 3, je prends une grande inspiration et je gonfle mon ventre le plus possible. 1, 2, 3, je souffle tout l'air de mon ventre, et mon ventre devient tout mou.
1, 2, 3, je prends une grande inspiration et je gonfle mon ventre le plus possible. 1, 2, 3, je souffle tout l'air de mon ventre, et mon ventre devient tout mou.
1, 2, 3, je prends une grande inspiration et je gonfle mon ventre le plus possible. 1, 2, 3, je souffle tout l'air de mon ventre, et mon ventre devient tout mou.

Maintenant, ferme doucement les yeux et laisse ton imagination te guider. Imagine-toi allongé dans une grande prairie, sous un ciel d'un bleu infini. Tu sens l'odeur de l'herbe fraîchement tondue parcourir tes narines. Au-dessus de toi, flotte un petit nuage, tout gris. Ce nuage, c'est le tien, et il est là juste pour toi.

Alors que tu continues à respirer tranquillement, observe comment ce nuage gris commence à changer. Lentement, mais sûrement, il devient de plus en plus moelleux. À chaque souffle, il s'éclaircit, devenant de plus en plus clair, prenant une couleur plus douce, plus apaisante.

Plus tu te détends, plus le petit nuage devient moelleux, comme ton oreiller. Ressens tes orteils se détendre petit à petit, puis tes jambes entières. Au fur et à mesure que tes jambes se relâchent, tu sens le nuage changer, devenant toujours plus blanc. Tu sens que tu décolles du sol, doucement mais sûrement, tu te rapproches du nuage. Tu te sens enveloppé(e) par sa légèreté. Tu es maintenant sur le nuage et qu'est-ce qu'il est moelleux. Tu es tellement bien.

Ton ventre se relâche, puis tes doigts, tes bras, ton cou, et tout ton visage suivent ce doux mouvement de détente. À présent, le ciel s'illumine d'une lumière douce, et ton nuage est de plus en plus confortable. Il se transforme en un cocon chaleureux, te procurant un sentiment de confort et de sécurité. À chaque inspiration, tu ressens la douceur du nuage qui t'entoure, te berçant tendrement.

Tes pensées passent comme des nuages. Plus ton nuage devient doux, plus tu te sens détendu(e), prêt(e) à plonger dans un sommeil profond et réconfortant.

Bercé(e) par les lents mouvements de ton nuage blanc, tu te laisses glisser dans un doux rêve, flottant au gré des nuages et des étoiles. Et tandis que le nuage continue de te border de sa douceur, tu t'endors paisiblement, prêt(e) à explorer un monde imaginaire dans le royaume des rêves.

Le bouclier doré

Se protéger des énergies négatives

Il y a des moments où tout semble un peu compliqué, n'est-ce pas ? Parfois, il peut arriver que les choses qui se passent autour de toi te chagrinent : ça peut être des personnes qui ne s'entendent pas, des mots pas très gentils qui sont dits, ou même des images qui te donnent envie de pleurer et de partir en courant.

Afin de t'aider à traverser ces moments, je vais te raconter une histoire spéciale. Pour bien l'écouter, prends un moment pour t'installer confortablement. Que tu préfères t'asseoir ou t'allonger, c'est à toi de décider. L'essentiel, c'est que tu te sentes parfaitement à l'aise.

Ferme doucement les yeux et prends une grande respiration. Imagine maintenant un bouclier géant qui t'entoure complètement, de la tête aux pieds, comme un grand cercle magique de lumière dorée. Ce bouclier est là pour toi, pour te protéger et écarter les mauvaises énergies. Nous allons maintenant le renforcer ensemble pour qu'il soit si solide que toutes les énergies pas très gentilles ne puissent plus t'embêter.

À chaque inspiration, concentre-toi sur ton bouclier magique. Imagine que lorsque tu inspires, le bouclier devient de plus en plus solide. Prends la plus grande inspiration que tu peux, retiens l'air dans ton ventre pendant 3 secondes. 1, 2, 3, souffle l'air tout doucement. En te concentrant sur ton bouclier, observe une douce lumière dorée qui devient de plus en plus forte tout autour de toi. Sens cette lumière, elle est chaleureuse et réconfortante.

À chaque expiration, tu vois des milliers de paillettes d'or qui s'échappent doucement de ta bouche. Ces paillettes magiques flottent délicatement dans l'air et se déposent sur ton bouclier. Chaque paillette renforce ton bouclier, le rendant encore plus puissant et résistant.

Compte mentalement avec moi, 1, 2, 3, inspire profondément, 1, 2, 3, expire lentement. À chaque cycle de respiration, observe comment ton bouclier devient de plus en plus lumineux et doré.

Continue de te détendre, respiration après respiration, jusqu'à ce que ton bouclier soit une éblouissante muraille dorée, te protégeant avec toute sa magie. Ressens la sécurité et la confiance qu'il t'apporte.

Laisse-toi envelopper par cette sensation. Imagine maintenant que ce bouclier est comme une bulle de protection magique. Ressens la chaleur et la force de cette lumière dorée qui t'entoure. C'est comme si tu avais ton propre super pouvoir, un pouvoir qui crée un mur doux, mais très fort, autour de toi.

Si jamais tu te sens un peu inquiet(e) ou si tu as besoin de te sentir en sécurité, rappelle-toi de ton bouclier magique. Il est toujours là, prêt à te protéger. Tu peux même lui donner des ordres spéciaux, comme "protège-moi des pensées tristes" ou "rend-moi courageux(se)".

Et tu sais quoi ? Ce bouclier est à toi, c'est comme un cadeau spécial que tu as toujours avec toi. Alors, lorsque tu te sens prêt(e), ouvre doucement les yeux, en sachant que ton bouclier magique est là, prêt à t'entourer chaque fois que tu en as besoin.

Zoé et la cascade magique

Accepter ses émotions

Il était une fois, dans un petit village niché au creux des montagnes, une petite fille nommée Zoé. Zoé était une enfant joyeuse, mais parfois, ses émotions ressemblaient à une tornade. Un jour, après une journée d'école, Zoé se sentit submergée par une vague d'émotions. Elle était triste parce qu'un camarade avait dit quelque chose de méchant, elle était en colère, mais elle ne comprenait pas pourquoi, elle se sentait perdue dans un tourbillon d'émotions confuses.

Zoé se dirigea vers un endroit spécial, une clairière enchantée au cœur de la forêt, où coulait une mystérieuse cascade d'un bleu azur.

Assise près de la cascade, Zoé laissa ses émotions s'exprimer. Comme les eaux de la cascade, ses larmes se mirent à couler le long de ses joues, libérant la tristesse qui pesait sur son cœur. La cascade résonnait, l'eau émettait un doux ruissellement que Zoé trouvait apaisant et réconfortant, sans trop savoir pourquoi.

Puis, Zoé décida de parler à la cascade. Elle lui raconta sa journée, ses frustrations et ses peines. À chaque mot, la cascade répondait par un doux murmure, comme si elle comprenait les problèmes de la petite fille.

C'est alors que quelque chose de magique se produisit. La cascade commença à briller de mille feux. Des éclats de lumière dansaient autour de Zoé, enveloppant son cœur de chaleur et de réconfort. Elle se sentait comme entourée d'une énergie douce qui changeait sa colère en calme et sa tristesse en quelque chose de moins lourd. Ses larmes devenaient même un peu sucrées, et un petit sourire commença à se dessiner sur le visage de Zoé. L'eau avait une couleur étrange. Intriguée, Zoé tendit la main vers l'eau étincelante. Au contact de l'eau, une sensation de légèreté la saisit, comme si la cascade emportait le poids de ses émotions. Zoé sourit, sentant la magie autour d'elle.

Le cœur léger, Zoé quitta la cascade. Maintenant, chaque fois qu'elle se sentait triste, elle se rendait près de la cascade, prête à laisser ses émotions suivre le courant. Cela lui apprit qu'il est important d'accepter ses émotions, de les laisser sortir, et de ne pas tout garder pour soi.

Fin.

Le plus fort des Ours

Développer la confiance en soi

Salut, petit ami ! Je suis l'ours de la forêt, venu spécialement pour t'aider à te sentir à l'aise dans ta fourrure. Aujourd'hui, je te propose un petit exercice pour renforcer ta confiance en toi. N'oublie pas de le refaire plusieurs fois sur plusieurs jours pour ressentir pleinement les bienfaits de cette pratique. Plus tu le feras, plus tu te sentiras bien et confiant.

Installe-toi dans une tanière calme et tranquille, retire tes chaussettes et tes chaussures, et pose tes pattes sur un petit tapis pour que le sol soit agréable. Si tu le souhaites, ferme les yeux.

Maintenant, imagine-toi en train de devenir un magnifique ours, fort et puissant. Imagine des poils doux qui poussent sur tout ton corps, ton nez qui se transforme en une truffe capable de sentir tout ce qui t'entoure. Ressens la puissance de tes pattes, la douceur de ta fourrure, et la force présente dans tout ton corps.

Je vais maintenant verser du miel tout chaud sur le haut de ta tête. Au fur et à mesure que le miel parcourt ton corps, ressens une sensation douce et délicieuse descendre sur toi. Tes yeux se détendent, tes lèvres se relâchent, et ta langue savoure ce délicieux miel. Prends une profonde inspiration.

Le miel coule le long de ton dos, sens sa chaleur, il détend tous tes muscles, tes jambes, tes bras. Sens comme ton dos se relâche et devient mou comme du miel. Le miel se répand dans chacune de tes pattes, les rendant plus douces et plus fortes. Ressens la douceur du miel parcourir tes coussinets et s'écouler le long de tes féroces griffes.

Le miel descend jusqu'à tes pattes, relâchant en passant tous les muscles de tes jambes. Tes pattes s'enfoncent profondément dans le sol. Tout ton corps est imprégné de la douceur magique de ce miel. Prends une profonde inspiration avec ta nouvelle truffe.

Maintenant, imagine que tout ton corps se recouvre de couleurs et de lumières douces. Ta fourrure devient magnifique, douce et soyeuse comme du miel. Tu te sens beau et fier avec cette fourrure. Tu es capable d'accomplir tout ce que tu souhaites.

Fièrement, place tes pattes sur les hanches. Ressens cette puissance en toi. Tu es un ours grand et fort. Répète après moi : "Je me sens doux. Je me sens fort. Je me sens confiant. Je suis capable d'accomplir tout ce que je souhaite. Je suis un ours au cœur sucré." Maintenant, prends une profonde respiration et grogne du plus fort que tu peux, comme le plus puissant des ours !

WOW, quelle force! Tu es maintenant un ours à part entière ! L'histoire touche maintenant à sa fin, tu peux lever tes pattes le plus haut possible et t'étirer avec un sourire aux lèvres. J'espère que tu as pris plaisir à faire cet exercice. À bientôt, petit ami !

Nougat, l'écureuil au grand coeur

Découvrir le pouvoir des pensées positives

Il était une fois, dans un coin de forêt un peu sombre, un écureuil pas comme les autres, Nougat. Nougat était le genre de petit gars qui, même si le ciel était gris, se baladait avec un sourire et une attitude positive.

Un jour, Nougat remarqua que la forêt semblait plongée dans une sorte de brouillard. Tous les animaux étaient grognons, les arbres perdaient leurs feuilles comme s'ils avaient abandonné tout espoir d'être heureux et de rigoler, et même le soleil semblait hésitant à briller.

Au lieu de se plaindre comme les autres, Nougat décida de faire quelque chose à ce sujet. Il grimpa sur le tronc d'un vieil arbre, regarda autour de lui, et avec un soupir, annonça : "Eh bien, mes amis, on dirait qu'on a tous besoin d'un peu de joie, non ?" Les animaux autour de lui grognèrent et échangèrent des regards sceptiques. "Qu'est-ce qu'il a, celui-là ?" marmonna un renard grognon.

Ignorant les grognements des autres animaux, Nougat se mit à parler avec enthousiasme. "Hé, Lila, tu sais quoi ? Même si tu te caches derrière les buissons, tu es une lapine courageuse et forte. Fais-moi confiance, tu es géniale."

Lila, la petite lapine, cligna des yeux, surprise par ce compliment inattendu. Lila sourit et même si les autres animaux ne soutenaient pas Nougat, elle le trouvait super courageux.

Tommy, le lézard, secoua la tête en signe de désapprobation, mais Nougat ne se laissa pas démonter. "Et toi, Tommy ! Ta vivacité est comme un feu d'artifice qui égaye tout. On a besoin de ça ici. Continue d'être l'étincelle qui illumine notre coin de forêt." Certains animaux haussèrent les épaules, mais Nougat continuait son petit discours positif sans se soucier de l'attitude des autres.

Avec le temps, quelque chose d'étrange se produisit. Les feuilles des arbres commencèrent à trembler, les grognements se transformèrent en murmures curieux, et même le soleil décida de jeter un coup d'œil. Nougat n'attendait rien en retour, il ne cherchait pas de remerciements ni de compliments. Il continuait simplement à semer des pensées positives, parce que c'était dans sa nature. Les animaux, commencèrent à ressentir une énergie différente dans la forêt. Les sourires timides commencèrent à apparaître, et les grognements se transformèrent en rires.

Un jour, alors que Nougat se reposait sur une branche, il entendit un chuchotement derrière lui. Les animaux, qui avaient été réticents au début, se rassemblaient autour de lui pour le remercier. Ils admiraient sa capacité à partager la gentillesse sans rien attendre en retour.

La forêt, autrefois triste et sombre, commença à retrouver vie. Non pas parce que tout était parfait, mais parce que Nougat avait montré que même un peu de positivité pouvait changer les choses.

Et ainsi, Nougat continua de partager sa gentillesse

Fin.

La voie de la forêt

Vivre dans le moment présent

Est-ce que toi aussi, parfois, il t'arrive de te retrouver tellement absorbé par tes pensées que tu oublies de savourer pleinement le moment présent, avec les personnes qui t'entourent, et d'apprécier ce que tu fais ainsi que la chance que tu as d'être en bonne santé ici et maintenant ? Si c'est le cas, l'exercice d'aujourd'hui va t'être d'une grande aide.

Installe-toi, confortablement, ressens la douceur de la terre sous tes pieds, et si tu le souhaites, ferme les yeux.

Inspire profondément par le nez, comme si tu sentais le parfum d'une fleur magique, puis expire par la bouche, doucement comme une brise légère caressant les feuilles des arbres. Te voilà, en plein cœur de la nature. Prends un moment pour ressentir ton souffle.

Commence par détendre ta tête, ton cou, et tes épaules.

Poursuis ce voyage intérieur en relâchant ton ventre, jusqu'à ce qu'il devienne tout mou. Détends tes cuisses, et tes mollets. Tu es maintenant complètement relâché, et tu te laisses aller, comme une petite feuille dansant avec la brise.

Lorsque tu respires, tu sens ta poitrine se lever, se gonfler comme un oiseau prenant sa respiration avant de s'envoler. À chaque expiration, c'est comme si tu battais des ailes pour t'envoler toujours plus haut. La détente circule dans tout ton corps, tu es libre, tu glisses sur l'air, tu es dans l'instant présent, au cœur de la nature, naviguant entre les arbres.

Relâche ton petit ventre tout mou, suis ta respiration, calme et tranquille. Tu peux aller où tu veux. Plus tu voles, plus tu sens ton corps se détendre et ne faire qu'un avec ta pensée. Plus tu respires, plus tu te détends. Laisse-toi aller dans ce mouvement, dans ce balancement intérieur, à chaque inspiration et expiration.

Laisse-toi aller, dans l'instant présent au-dessus de la forêt. Regarde comme les feuilles des arbres bougent en rythme avec le vent, vois les petits sangliers courir sous tes pieds.

Sens à quel point tu es bien, ici et maintenant.

Maintenant, fais une pause et concentre-toi sur ta respiration. Sois attentif à ton ventre qui se soulève quand tu inspires, et qui redescend quand tu expires. Accompagne ta respiration avec un mot qui te plaît, comme "calme" ou "joie". Inspire ce mot tout doucement et souffle-le comme si tu créais une bulle de savon. C'est comme ta musique intérieure, une petite chanson pour toi seul, au cœur de la nature.

Prends un moment pour ressentir toutes les sensations de détente dans ton corps et ton esprit. Respire, tout doucement. Ouvre les yeux quand tu es prêt(e) et continue ta journée avec plein de douceur et souviens-toi d'apprécier chaque petit moment que tu vivras.

N'importe quand dans ta journée, si tu as besoin de te relaxer, reviens à cet exercice. Inspire, expire, recentre-toi dans l'instant présent, et oublie les pensées qui t'embrouillent, comme si elles n'étaient qu'une simple brise.

Le voyage des émotions
Contrôler ses émotions

Il était une fois, au cœur d'une ville, une voiture magique nommée Vivi. Vivi était spéciale, car elle réagissait aux émotions de son conducteur, Max.

Max aimait être au volant de Vivi et conduire à travers les rues de la ville. Lorsque Max était joyeux, Vivi s'illuminait de toutes ses couleurs, émettant une lumière éclatante. Si Max se sentait triste, Vivi prenait des teintes plus douces.

Un jour, Max décida de partir pour un grand voyage à travers le pays. Vivi, la voiture magique, était équipée d'un tableau de bord extraordinaire, un tableau de bord magique. Ce tableau de bord était bien plus qu'un simple ensemble de cadrans et de boutons ; il était rempli de boutons spéciaux, chacun représentant une émotion différente allant de la joie à la tristesse. Ces boutons étaient comme des interrupteurs magiques qui permettaient à Vivi de réagir et de s'adapter aux émotions de son conducteur, Max.

Pour que Vivi puisse bien fonctionner, il était nécessaire que Max contrôle ses émotions en utilisant ces boutons. Les émotions de Max agissaient comme une source d'énergie pour Vivi ; quand Max était heureux et excité, la voiture se transformait en véritable bolide de course, tandis que quand Max était en colère et triste, la voiture n'avançait pas plus vite qu'un escargot.

Sur la route de leur aventure, Max et Vivi firent face à un grand défi : une montée si longue que l'on n'en voyait pas le bout. Alors que les deux amis se lançaient dans la montée, la lumière du tableau de bord de Vivi se mit à clignoter en rouge, signalant un problème.

Max était paniqué ! La colline semblait sans fin et une vague de frustration et de colère submergea le petit garçon qui n'en pouvait plus. La voiture magique était en train de ralentir, et se rapprochait de l'arrêt ; elle avait besoin de quelque chose pour surmonter cet obstacle.

C'est à ce moment précis que Max repéra le bouton "Patience" sur le tableau de bord de Vivi. Intuitivement, il comprit que pour que Vivi puisse continuer, il devait accepter la difficulté de la montée. Max appuya sur le bouton avec détermination.

Instantanément, Vivi sembla retrouver une nouvelle force. Les lumières clignotantes en rouge virèrent au vert, et la voiture se remit en marche avec une énergie renouvelée. Les émotions de Max agissaient comme un carburant spécial, propulsant Vivi à toute vitesse vers le sommet de la grande colline.

Une fois arrivés en haut, Max était tout excité et fier de lui. Vivi commença à accélérer. Les émotions de joie et d'excitation du petit garçon faisaient rugir le moteur de Vivi !

À un certain moment sur la route, Max se sentit perdu et voulut rentrer chez lui. Aussitôt, le tableau de bord de Vivi se mit à clignoter en orange. Au même moment, Max pressa le bouton "Courage", aidant Max à continuer son voyage.

Ensemble, Max et Vivi traversèrent des paysages exceptionnels, chaque émotion ajoutant une touche spéciale à leur aventure. À la fin de leur voyage, Vivi n'était pas seulement une simple voiture, elle était devenue une véritable amie qui permettait à Max d'avancer dans son aventure.

Fin.

Le rêve de Juliette

Persévérer et croire en soi

Il était une fois une petite fille appelée Juliette qui se promenait dans son village, comme à son habitude. Elle trouva une guitare laissée par un musicien en voyage dans le parc, à côté d'un grand arbre.

Un soir, en jouant avec la guitare, quelque chose de magique arriva à Juliette. Elle imagina son avenir et se vit des années plus tard, sur une grande scène, en train de jouer de la guitare devant des dizaines d'enfants émerveillés. Cela la rendit très heureuse. Le lendemain, elle demanda à son papa : "Papa, tu crois que je pourrais devenir musicienne ?" Son papa sourit et répondit : "Bien sûr, ma chérie ! Si tu le veux vraiment, tu peux devenir ce que tu veux. Il te suffit de travailler fort, mais je crois en toi."

Le lendemain matin, avant que le soleil ne se lève, Juliette commença à s'entraîner avec sa guitare, dans le calme du matin. Les nouvelles se répandirent dans le village que la petite Juliette se levait tôt pour jouer de la guitare parce qu'elle avait fait un rêve. Certains la trouvaient étrange, mais d'autres l'admiraient et la respectaient pour suivre ses rêves. Peu importe ce que les gens disaient, tout le monde était impressionné par sa détermination.

Depuis ce jour, Juliette jouait de la guitare tous les jours. Dans les moments où elle pensait à abandonner, elle se rappelait des paroles de son père : "Quand tu fais quelque chose d'important ou qui te semble difficile, prends ton temps, respire et puis expire en éjectant toutes tes doutes.

Apprends à te faire confiance. Ne cherche pas la perfection tout de suite, cherche à progresser. Chaque jour où tu t'entraînes, tu te rapproches de ton but."

Juliette respira doucement, même si elle n'avait pas de talent naturel, avec du travail quotidien, elle s'améliora petit à petit. Après quelques années à jouer régulièrement, elle était appréciée et respectée par tout le monde dans son village. Quand elle se promenait, les enfants couraient vers elle. Elle était devenue une vraie source d'inspiration pour son village. Mais malgré les compliments, elle continua de travailler.

Un jour, on l'invita à jouer devant des enfants à la capitale. En arrivant là-bas, elle se souvint de son rêve et sourit. Elle y était, après tout son effort et sa persévérance, sur la scène qu'elle avait vue dans ses rêves des années auparavant. Au fil du temps, elle partagea son savoir avec ceux qui voulaient apprendre, puis avec d'autres artistes qui à leur tour l'enseignèrent à d'autres, même à toi si tu veux. On dit qu'elle peut te transmettre sa tranquillité, sa détermination, sa patience et son courage.

Pour cela, tu dois simplement imaginer que toi aussi, tu n'as aucune limite si tu t'en donnes les moyens tu peux devenir qui tu veux. Maintenant, prends le temps de respirer calmement, sois patient et rigoureux, et comme elle tu seras capable de réaliser ce qui te tient à coeur.

Fin.

La fontaine de Merlin

Transformer ses émotions négatives en éclats de lumière

Parfois, on peut se sentir un peu perdu avec des émotions fortes. Ça peut rendre triste, et ce n'est pas toujours amusant. Pour t'aider quand ta tête est pleine d'émotions, je vais te raconter une histoire. Assieds-toi ou allonge-toi dans un endroit où tu te sens bien. Ferme doucement tes yeux et écoute ma voix. Imagine-toi dans une belle forêt. Les arbres sont tellement grands que tu dois plisser les yeux pour voir le haut. Respire profondément et sens la magie de la forêt entrer en toi. Regarde comment le soleil fait de jolis dessins de lumière sur le sol en passant à travers les branches.

Marche doucement dans cette forêt magique, le sol est tout doux avec de la mousse, ça chatouille un peu tes pieds. En avançant, tu vois à droite une mystérieuse fontaine. Elle brille d'une lumière douce et renvoie une énergie apaisante qui te fait du bien.

À côté de la fontaine, il y a un vieux panneau un peu cassé avec écrit : "Ici, se trouve la Fontaine de Merlin. D'après la légende, elle permettrait d'effacer les pensées et émotions négatives de celui qui a le courage de les affronter". En t'approchant lentement de la fontaine, des papillons sombres apparaissent tout autour de toi.

Plus les papillons s'approchent de la fontaine, plus ils ont l'air d'avoir peur. Tout à coup, tu as une idée, tu prends une grande inspiration et tu souffles fort sur un des papillons. Ton souffle pousse le papillon sous l'eau de la fontaine, et le papillon devient une petite étincelle de lumière. Tout de suite, tu sens ton cœur devenir plus léger et tes muscles se détendre. Respire fort et sens ces changements. Continue de souffler sur les papillons, et à chaque papillon qui passe dans l'eau douce, tu te sens de plus en plus léger.

Super ! Maintenant, imagine que tu cherches des papillons sombres tout autour de toi et que tu utilises ton souffle pour les faire disparaître un par un.

Ça fait du bien, n'est-ce pas ? La forêt devient de plus en plus lumineuse à mesure que tu libères ces émotions sombres. Sens la légèreté et la sérénité remplir l'air autour de toi. Les animaux, tout émerveillés par les éclats de lumière qui volètent maintenant autour de toi, t'encouragent à continuer.

Une fois que tous les papillons sombres ont été transformés en lumière, la forêt s'illumine d'une lumière éclatante qui est vraiment magnifique à voir.

Reviens à la réalité en gardant cette sensation de détente avec toi. Lorsque tu seras prêt, ouvre les yeux, en sachant que tu as le pouvoir de transformer les émotions négatives en une magnifique lumière chaque fois que tu en ressens le besoin.

L'ogre poilu

Voir au-delà des apparences

Il était une fois, dans une forêt mystérieuse, une grotte sombre et humide où vivait un être étrange appelé l'ogre poilu. Il avait des poils partout, sauf sur ses pieds et ses mains. L'ogre poilu ne pouvait pas sortir de sa grotte car il effrayait tous les villageois, il se contentait de manger des escargots, car à cause de sa grande taille, il ne pouvait pas attraper autre chose facilement.

Pourtant, l'ogre poilu rêvait de manger quelque chose de bien plus délicieux. Il rêvait de manger des humains. Chaque nuit, en s'endormant, il imaginait le goût que pourrait avoir un humain et se demandait comment il pourrait réaliser son souhait.

Un jour, le roi du royaume se perdit dans la forêt. Il marcha sans trouver la sortie et tomba sur la caverne de l'ogre poilu. L'ogre, caché au fond de la grotte, se tint tranquille. Il attendit que le roi entre profondément dans son antre, puis avec son immense corps, il bloqua la sortie. En voyant l'énorme bête, le roi se mit à pleurer et supplia l'ogre de ne pas le tuer.

Le roi promit à l'ogre de lui ramener la première personne qu'il croiserait en échange de sa liberté. L'ogre poilu, curieux, regarda le roi et pensa que sa viande ne serait probablement pas très juteuse, alors il répondit avec sa voix grave : "D'accord, roi, mais ne trahis pas ta promesse, sinon je viendrai t'enlever dans ton sommeil."

"Je te promets de ne pas te trahir. Je te ramènerai la première personne que je croiserai sur mon chemin." Le roi, échappant de justesse à une fin tragique, retourna au château et raconta cette histoire à sa fille, la jeune princesse Samira. Samira était courageuse, curieuse et surtout très intelligente.

Quand son père lui expliqua la situation, elle ne put s'empêcher de se porter volontaire. "Emmène-moi voir cet ogre, père", dit-elle. Le roi, touché par le courage de sa fille, hésita un peu, mais finit par accepter.

Le roi et la princesse Samira retournèrent donc dans la forêt et se dirigèrent vers la grotte de l'ogre poilu. L'ogre attendait patiemment. Quand Samira entra dans la grotte, elle découvrit l'ogre poilu. "Ah, te voilà, humaine. Le roi m'a promis que tu serais ma proie", dit l'ogre. Samira répondit avec un courage inattendu. "Je suis prête, mais avant ça, j'ai une condition. Si tu veux me manger, tu dois répondre à une question." L'ogre poilu, curieux, accepta la proposition de Samira. "D'accord, pose ta question."

Samira sourit malicieusement. "Pourquoi es-tu si poilu ?" L'ogre, surpris, répondit : "Je suis poilu parce que... parce que c'est comme ça." Samira, sans aucune peur, ajouta : "Et pourquoi tes mains ne sont pas poilues ?" L'ogre commença à bouillir de frustration. Il n'avait jamais été confronté à une telle insolence. "Mes mains ne sont pas poilues parce que... parce que c'est comme ça." Samira continua imperturbable. "Et pourquoi tes pieds sont-ils tout verts ?"

AHHH!

La patience de l'ogre poilu atteignit ses limites. Il rugit de colère et fit trembler la grotte. "Assez ! Je ne peux plus supporter ton impertinence !"

À cet instant, l'ogre poilu éclata de colère. Il était tellement en colère qu'il oublia sa faim et sa promesse. Soudain, l'ogre poilu se mit à changer. Ses poils se multiplièrent, recouvrant son corps jusqu'à ce qu'il ne soit plus qu'une boule de poils géante.

Puis, avec un éclair de lumière, la transformation fut complète. Au lieu de l'ogre poilu, il y avait maintenant un petit chaton tout doux et mignon. Samira, avec un grand sourire, caressa le chaton. "Je savais que sous cette apparence effrayante, tu étais en réalité quelqu'un de tout gentil." Le chaton miaula doucement en signe d'approbation. Il était si content que quelqu'un n'ait plus peur de lui et de son apparence.

Quand Samira sortit de la grotte avec un chaton dans les bras, le roi resta bouche bée, il ne pouvait pas croire qu'une créature si effrayante était en fait un petit chat tout mignon. Le courage de sa fille de ne pas juger l'ogre sur son apparence lui fit prendre conscience de sa propre bêtise. Sur cette belle leçon, le roi, Samira et le chaton quittèrent la forêt et retournèrent au château. Le chaton devint un ami précieux pour Samira. Chaque jour, il partageait des aventures et des moments heureux, et ce jusqu'à la nuit des temps.

Fin.

Les lasagnes aux 100 pouvoirs

Créer sa zone de sécurité et développer son imagination

Assieds-toi confortablement dans un endroit où tu te sens bien et en sécurité. Ferme doucement les yeux. Cela va t'aider à te détendre. Maintenant que tu es bien installé, prenons trois grandes inspirations ensemble.

1, 2, 3... respire profondément par le nez, retiens ta respiration pendant trois secondes, puis expire doucement par la bouche.
1, 2, 3... respire profondément par le nez, retiens ta respiration pendant trois secondes, puis expire doucement par la bouche.
Une dernière fois, inspire profondément, ton ventre se gonfle, retiens 1, 2, 3, et expire, ton ventre se dégonfle. C'est très bien.

Si tu sens des petites tensions dans ton corps, laisse-les partir. Détends tous tes muscles. Maintenant que tu es bien détendu, laisse ton imagination te guider, car tu vas bientôt explorer un nouveau monde.

Très bien, c'est parti ! Concentre-toi sur ma voix uniquement. Imagine la maison de tes rêves. Choisis sa forme et sa couleur...
Dès que tu as choisi, une porte apparaît, avec ton prénom écrit comme par magie. Tu vois également une clé dans ta main. Cette clé t'appartient, et à toi seul.

Tu ne peux pas la perdre, dès que tu penses à elle, elle réapparaît dans ta main comme par magie. Personne d'autre que toi ne pourra entrer dans ta maison sans ton autorisation. Tu pourras y faire tout ce que tu veux et y mettre à l'abri tout ce que tu souhaites garder pour toi. Dans cette maison, ton esprit sera toujours tranquille. Maintenant, tourne la clé, ouvre la porte et découvre ta maison.

Avance à ton rythme dans les pièces de ta maison et explore-la. L'ambiance est agréable, et un air frais qui fait du bien caresse ton visage. Imagine une maison où tu te sens calme et apaisé. Il peut y avoir des coins douillets pour lire des histoires, d'autres où tu peux créer des plats savoureux que tu adores, des chaises confortables pour te détendre. Il peut même y avoir une salle de jeux avec tous les jeux dont tu as toujours rêvé. Il y a peut-être des cachettes sous certains meubles pour les trésors que tu souhaites garder pour toi.

Tout ce qui existe dans cette maison, c'est grâce à toi. Parmi tout ce que tu vois autour de toi, il y a surtout une très grande table où se trouvent des lasagnes magiques. Quand tu t'en approches, une odeur si agréable se répand dans l'air.

Tout à coup, les lasagnes se mettent à voler et commencent à parler : "Nous sommes les lasagnes aux 100 pouvoirs. Chaque fois que tu nous dégustes, tu obtiens un pouvoir unique. Parmi tous les pouvoirs que nous possédons, tu peux nous demander celui de réchauffer les cœurs."

À chaque bouchée que tu prends, tu te sens incroyablement bien. C'est comme si tu avais goûté une potion magique qui coule jusque dans ta poitrine, qui vient alléger ton cœur et qui s'installe dans ton estomac.

Ensuite, tu ressens un nouveau pouvoir en toi, celui qui te permet de créer des sourires. Dès que tu le souhaiteras, tu pourras te mettre à sourire et replonger dans un souvenir où tu étais heureux. Cela peut être ton dernier anniversaire, le dernier fou rire avec un ami, ou la dernière activité que tu as faite avec ton papa et/ou ta maman.

Ressens comment tu te sentais bien pendant ce moment, souviens-toi des odeurs, des images, des sons. Est-ce qu'il faisait froid ? Chaud ? Prends le temps de te rappeler des moindres petits détails de la scène et ressens comment tu te sentais à ce moment-là.

Maintenant, avec un sourire sur ton visage et après avoir bien mangé, dirige-toi vers la porte, puis referme-la derrière toi en tournant la clé. C'est ainsi que tu sors paisiblement de ta maison, et nous sommes de retour ici et maintenant. Si c'est encore la journée, tu peux doucement bouger les pieds, étirer un peu les jambes, puis tout le corps. Et quand tu es prêt, tu peux doucement ouvrir les yeux. Maintenant que tu as créé ta maison, tu pourras y retourner dès que tu en as envie pour retrouver les lasagnes aux 100 pouvoirs. Tu es libre d'ajouter et de faire ce que tu veux dans ta maison, c'est ton espace à toi.

Le passage magique

Découvrir la puissance du rire

Pour bien écouter l'histoire du jour, prends un moment pour t'installer confortablement. Que tu préfères t'asseoir ou t'allonger, c'est à toi de décider. L'essentiel, c'est que tu te sentes parfaitement à l'aise. Aujourd'hui, je vais t'accompagner pendant ton voyage, attrape ma main !

Ferme doucement les yeux et prends une grande respiration. Imagine-toi dans une clairière baignée par les rayons du soleil, l'air est léger, et un petit vent chaud t'entoure. Nous sommes à l'entrée d'une belle forêt. Des oiseaux nous guident vers un passage de lianes fleuries et lumineuses, créant un tunnel magique.

Avançons à travers ce passage qui s'illumine à chacun de nos pas. L'air devient frais, et nous voyons la sortie du passage. Les oiseaux nous accueillent chaleureusement, et nous voilà au cœur de la forêt. Des arbres majestueux, une végétation d'un vert unique, et une lumière douce créent une atmosphère magique.

Prenons le temps de nous balader, regarde les petits animaux et la nature autour de nous. Au loin, une lueur attire ton attention. Des clochettes tintent doucement, et c'est là que nous rencontrons Mimi, une petite fée avec des ailes immenses. Elle danse, vole, et sa présence est une explosion de joie.

Mimi s'approche de nous avec sa baguette magique, lançant une pluie de confettis. Elle vole et tournoie autour de nous, rigolant joyeusement. Sans savoir pourquoi, le simple fait de voir ce petit être respirant la joie de vivre nous fait du bien. Soudain, Mimi se rapproche de nous et vient se poser sur ton épaule en rigolant. Elle tend sa main vers moi. Je l'attrape, Mimi se redresse et décolle. Je me mets à m'envoler, Mimi tend son autre main vers toi, attrape-la ! Tu l'attrapes, et nous voilà dans les airs, c'est comme si nous nagions dans de l'eau, nos corps ne pèsent plus rien.

Puis Mimi accélère, et nous la suivons en zigzaguant entre les nuages. C'est tellement beau, Mimi monte toujours plus haut, dépasse les nuages, et soudain, nous passons au-dessus d'eux. Devant nous se trouve un spectacle magnifique : Mimi danse avec les étoiles qui se joignent à la joyeuse fée. Nous restons là, assis sur un nuage bien douillet, à admirer ces joyeuses danses.

Au fur et à mesure du spectacle, tu sens tes paupières devenir de plus en plus lourdes. Tu reposes ta tête sur le doux nuage et tu finis par t'endormir en entendant toujours les éclats de rire de Mimi et des étoiles parcourir le ciel.

L'École des erreurs

Accepter l'erreur avec le sourire

Il était une fois, non loin d'un petit village, une école peu ordinaire. Cette école n'enseignait pas les mathématiques ou l'histoire, mais quelque chose de beaucoup plus précieux : comment apprendre en se trompant.

Un matin ensoleillé, Lila, une petite fille curieuse aux grands yeux marrons, découvrit l'existence de cette école mystérieuse. Intriguée, elle s'aventura courageusement à travers la forêt qui bordait son village jusqu'à arriver devant les portes de l'École des Erreurs.

À l'intérieur, elle vit un vieux hibou aux plumes grisonnantes, qui en apercevant Lila lui dit : "Comment t'appelles-tu, jeune fille ?" "Je m'appelle Lila", répondit l'enfant. "Enchanté Lila, je suis le professeur Sagesse. Bienvenue à l'École des Erreurs. Ici, nous apprenons à faire des erreurs et à nous tromper".

Lila, intriguée, se mit à observer les autres élèves. Elle les entendit discuter de leurs erreurs avec fierté et détermination. Il y avait Timéo, un petit renard, qui avait tenté de construire une maison en bois, mais celle-ci s'était effondrée. "Oh mince, peut-être que j'aurais dû prendre plus mon temps et ne pas prendre ce bout de bois qui était pourri, c'est vrai qu'il sentait pas très bon. C'est reparti, je vais faire bien attention cette fois-ci", dit-il en souriant.

Puis vint Éloïse, une belle souris blanche, qui avait mélangé toutes les couleurs de peinture et obtenu une toile toute grise. "Oh non ! À vouloir faire un ciel multicolore, je me retrouve avec un ciel bien gris. Au moins maintenant, je sais que mélanger toutes les couleurs ne rend pas très bien. J'aurais dû attendre que chaque couleur sèche bien avant de peindre par-dessus. Mais peut-être que si j'attends que mon ciel gris sèche correctement, je pourrais le repeindre en bleu", puis elle se remit à peindre avec le sourire.

Le maître Hibou, voyant Lila ne sachant quoi faire, la guida vers un des ateliers dans la classe où il y avait un jeu avec des bouts de bois. "Mais je ne sais pas jouer", dit Lila au grand hibou. Le hibou lui répondit : "Personne ne sait jouer à ce jeu, il n'y a pas de bonne ou de mauvaise façon de jouer, uniquement la tienne. Chacun joue à ce jeu comme il le souhaite. Ne te préoccupe pas de tes pensées qui te disent qu'il faut savoir faire quelque chose pour le faire, tu as le droit d'essayer. Peut-être tu arriveras à un résultat satisfaisant, peut-être pas. Ce n'est pas ça l'important. L'important, c'est d'essayer et d'apprendre toujours." Encouragée par le bel oiseau, elle décida de construire une grande tour, superposant un à un les blocs en bois. À mi-chemin, la tour s'effondra, mais au lieu de se décourager, Lila se tourna vers le professeur Sagesse et s'exclama en riant : "C'était trop rigolo, j'aurais dû faire plus attention à bien consolider la base de ma tour avant de vouloir l'agrandir. C'est reparti, je vais construire une base super solide cette fois !"

Le professeur, fier de la détermination de Lila, lui sourit et dit : "C'est ainsi que l'on grandit, en faisant des erreurs et en apprenant d'elles." Lila, désormais remplie de courage, se remit à reconstruire sa tour, sachant que chaque erreur était une marche de plus vers la réussite.

Et c'est ainsi que l'école des erreurs continua à enseigner ses leçons précieuses à quiconque était prêt à se remettre en question et à vouloir s'améliorer à chaque nouvelle tentative.

La petite Lila devint rapidement une élève brillante de cette école si spéciale, prouvant que chaque erreur était une chance de devenir plus forte, plus maline et d'atteindre de nouveaux sommets.

Fin.

Lumina et la Rayonelle

Garder espoir même dans les moments difficiles

Il était une fois, dans une petite vallée baignée d'une lumière douce, un village où vivaient de petites créatures appelées les Luminits. Ces êtres magiques étaient dotés de pouvoirs spéciaux : ils pouvaient transformer les rayons de la lune en émotions. Certains créaient des éclats de joie, d'autres des lueurs de courage, mais il existait une catégorie particulière appelée les "Gardiens de l'optimisme", responsables de créer l'optimisme.

Un jour, la vallée fut assombrie par l'arrivée d'une terrible tempête. Les nuages noirs recouvraient le ciel, et les Luminits étaient plongés dans une tristesse profonde. Les Gardiens de l'optimisme, malgré leur réserve d'optimisme, ressentaient aussi la menace de la tempête, et bientôt les réserves furent complètement vidées. Tous les Luminits, y compris les gardiens de l'optimisme, commencèrent à perdre espoir de revoir un jour la lune.

Enfin, presque tous. Lumina, la plus jeune des gardiennes de l'optimisme, était différente. Elle avait une réserve d'optimisme infinie en elle et croyait en la puissance de l'optimisme même face à l'adversité. Alors que les autres se laissaient emporter par le désespoir, Lumina se mit en quête d'un moyen de repousser les méchants nuages et de redonner le sourire à tous les Luminits.

Elle découvrit une ancienne légende parlant d'une fleur mystique, la "Rayonelle", qui pouvait absorber les nuages sombres et révéler la véritable lumière. Guidée par son optimisme, Lumina partit à la recherche de cette fleur rare, traversant des forêts ténébreuses et des rivières glacées.

En chemin, elle rencontra des défis et des créatures malicieuses qui tentaient de la décourager de sa quête. Cependant, Lumina ne perdait jamais son sourire. Chaque défi était une opportunité d'apprendre, chaque rencontre était une chance de répandre des rayons d'optimisme.

Après des jours d'aventures, après avoir grimpé au sommet d'une montagne recouverte de neige, Lumina découvrit enfin la Rayonelle. Ses pétales chatoyants semblaient capturer les étoiles elles-mêmes.

De retour dans son village, les autres Gardiens de l'optimisme étaient étonnés de la voir revenir avec la légendaire Rayonelle. Lumina planta la Rayonelle au cœur du village, et petit à petit, les nuages sombres commencèrent à se dissiper. Des rayons chargés d'espoir émanaient de la fleur, baignant la vallée d'une lumière réconfortante.

Les nuages noirs s'éloignèrent, défait par la puissance de l'optimisme incarnée par Lumina, et la lune réapparut.

Et c'est ainsi que Lumina devint une légende parmi les Luminits, rappelant à tous que même la plus petite lueur d'optimisme peut dissiper les nuages les plus sombres.

Fin.

Bob le petit chiot

Se relaxer et se détendre

Si tu es prêt, installe-toi pour cette nouvelle aventure. Tu peux t'asseoir confortablement dans un fauteuil ou t'allonger sur le dos, les bras le long du corps et les jambes étendues. Ferme les yeux, écoute ma voix calme et reposante.

Bien installé, tu vas te détendre en compagnie de Bob. Bob est un petit chiot marron avec de grands yeux marrons et de petites oreilles qui rebondissent. Bob, comme tous les petits chiots, aime beaucoup jouer, courir, et aujourd'hui, il est allé se promener sur les quais du port pour observer l'arrivée des bateaux de pêche. Il a couru après les mouettes, a joué avec d'autres chiots. Puis, comme souvent après manger, il est devenu tout rond et s'est amusé à faire des roulades sur le quai . Enfin, il a terminé sa journée par son jeu préféré : ramasser tous les bouts de bois du port.

La fin de l'après-midi est arrivée, et Bob, qui était tellement excité, se dit que c'est enfin le moment de se détendre. Il voudrait relaxer sa tête, son cou, son dos, ses petites pattes pour être en forme pour demain, pour jouer et s'amuser. Bob est maintenant bien allongé, son corps bien étendu sur l'herbe. Il remue joyeusement sa queue. Il regarde le ciel pour détendre sa tête. Le ciel est bleu, immense, d'un joli bleu intense. Pour détendre son cou, il regarde les quelques nuages blancs qui défilent sous ses yeux. Il les voit flotter légèrement, comme du coton. Cette légèreté envahit tout son corps. Tout son corps se relâche. Il respire tranquillement, lentement.

Comme toi, si tu veux te détendre, il te suffit de faire comme Bob. Bob étire ses pattes le plus loin possible, avec ses bras il touche les murs ou le plafond. Il recommence avec ses jambes, tire les pointes de ses pieds. Voilà, c'est bien, tu commences vraiment à te détendre.

L'air autour de Bob est très doux, un petit vent vient lui chatouiller les poils de sa petite queue. Ça lui fait des frissons le long de son dos.

Bob bouge ses épaules, fait tourner sa tête autour de son cou. Le vent vient maintenant lui chatouiller les poils des oreilles, puis souffle de l'air chaud dans son oreille droite. Il recommence dans l'oreille gauche. Bob aime ça, le vent lui parle.

"Bob, c'est moi, le vent. Je t'observe depuis un moment, et je vois que tu es fatigué. Tu as dû beaucoup jouer aujourd'hui. Si tu veux, je vais t'aider à bien respirer pour te relaxer. Es-tu prêt ? Concentre-toi bien, car c'est une méthode magique, efficace, et aussi très amusante. Dès que tu l'auras essayée, tu te sentiras calme et reposé, comme après une petite sieste. C'est d'accord ?"

"J'aime tout ce qui est magique, alors je veux bien jouer avec toi et apprendre à respirer", répond Bob.

Concentre-toi comme Bob et suis les conseils du vent pour apprendre à respirer par le ventre. Mets d'abord ta main sur ton ventre. Il faut respirer en gonflant le ventre, comme si tu voulais aspirer le nuage imaginaire que tu as choisi. Inspire et ton ventre se soulève, puis expire en envoyant le nuage loin, loin. Sens ta main posée sur ton ventre qui se soulève et redescend.

Joue avec ce nuage imaginaire, fais-le venir vers toi en aspirant de l'air, puis avec ta bouche, fais-le s'éloigner en soufflant. Vois le nuage qui va et vient tout doucement. Recommence, inspire, ton ventre se soulève, expire, ton ventre redescend. C'est comme si tu faisais danser le nuage avec ta respiration. Amuse-toi bien, Bob, à danser avec le vent et le nuage magique.

Le corps de Bob devient de plus en plus léger, il s'enfonce dans l'herbe. Il imagine le nuage l'enlacer, il se sent bien, parfaitement à l'aise comme dans du coton. Totalement détendu, Bob remue joyeusement sa queue.

Le vent lui sourit, fait un petit tour sur lui-même, puis s'en va. Bob s'est endormi. Toi aussi, endors-toi doucement, calmement. Si tu veux reprendre une activité, tu peux ouvrir les yeux et étirer à nouveau tout ton corps, ton cou, des bras et des jambes, comme le ferait un petit chien après une sieste.

Les chiens le font plusieurs fois par jour, tu sais. C'est parce qu'ils aiment beaucoup jouer et ont besoin de se reposer pour reprendre des forces.

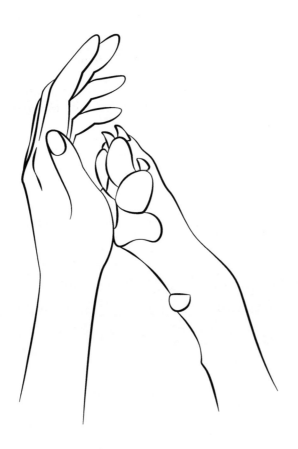

Le Vol des Libellules

Cultiver la tolérance envers les autres

Il était une fois, dans la vallée enchantée de Petilume, une communauté de libellules aux ailes chatoyantes qui vivaient paisiblement au bord d'un petit ruisseau. Chaque libellule possédait une couleur unique, formant une joyeuse troupe multicolore.

Un jour, une nouvelle libellule, Iris, aux ailes d'un dégradé éblouissant de rose et de jaune, arriva dans la vallée. Les libellules locales l'accueillirent chaleureusement, curieuses de découvrir la couleur si rare et unique d'Iris.

Iris, enthousiaste, s'approcha d'une libellule rouge du nom de Rubis. "Salut, je suis Iris, et je suis si heureuse de faire partie de votre vallée magnifique !"

Rubis, étonnée par les couleurs si particulières des ailes d'Iris, répondit avec méfiance : "Je n'ai jamais vu de rose-jaune ici. C'est étrange, et ça ne ressemble à rien de ce que nous avons."

Jalouse de la couleur si unique d'Iris, Rubis commença à répandre des rumeurs parmi les libellules, semant un soupçon de discorde dans l'harmonie qui régnait. Peu à peu, les libellules commencèrent à se diviser, formant des groupes basés sur la couleur de leurs ailes.

Inquiète de la tension croissante, la sage libellule Dori, aux ailes dorées, décida d'intervenir. Elle pensa à un moyen de rassembler toutes les libellules et que toutes acceptent leurs différences. Elle rassembla toutes les libellules et proposa un jeu.

"J'ai trouver un trésor au bout du ruisseau mais je peux pas le déplacer toute seule pour l'atteindre, nous devons utiliser toutes nos couleurs car il y a un arc en ciel le long du ruisseau et sans chacune d'entre nous, nous ne pourrons pas le traverser. Chaque couleur est précieuse, et ensemble, nous réussirons !", s'exclama Dori.

Les libellules, intriguées par la proposition, acceptèrent le défi. Chacune contribua avec sa couleur unique, mélangeant leurs ailes pour créer un spectacle de lumière éblouissant à travers l'arc-en-ciel. Iris et Rubis, collaborant étroitement, se rendirent compte que leur union produisait une teinte étonnamment belle.

Arrivées au trésor, les libellules s'aperçurent que la véritable richesse résidait dans leur capacité à s'unir malgré leurs différences. Iris et Rubis, désormais amies, découvrirent ensemble le trésor qui était composé de fruits bien juteux. Toutes les libellules se les partagèrent avec joie, et des rires résonnèrent dans toute la vallée.

Béa la reine de l'océan

Respecter les autres et ce qui nous entoure

Pour cette histoire, je te conseille de fermer les yeux et de t'allonger sur le dos, soit sur ton lit, soit dans un endroit où tu te sens à l'aise. Relâche tous les muscles de ton corps et concentre-toi sur le son de ma voix. Aujourd'hui, nous allons plonger dans les eaux profondes de l'océan. Avant de nous aventurer dans ce monde merveilleux, prenons cinq grandes inspirations.

1, 2, 3... Inspire, gonfle ton ventre au maximum, retiens ton souffle pendant 3 secondes, 1, 2, 3... expire. À chaque expiration, relâche tous tes muscles. Refais cela quatre fois.

Maintenant que nous avons bien activé nos poumons, nous allons pouvoir partir à la rencontre de l'un des animaux les plus anciens encore vivant sur Terre. Imagine qu'il fait très beau et chaud, et que tu es sur un bateau. Tu sens la chaleur du soleil sur ta peau. Face à toi, il y a la mer à perte de vue, une mer bleue calme et transparente. Tu te sens libre et détendu, tes cheveux qui volent au vent. Et tu sens l'odeur de l'eau salée. 1, 2, 3, hop à l'eau.
Tu sautes dans l'eau à pieds joints, la température est idéale. Dans la mer, tu te sens bien, tu flottes et tu observes autour de toi. L'océan est magnifique, le soleil rend l'eau brillante, tu peux voir tes pieds, l'eau est si claire.

Nous allons maintenant partir à la rencontre de Béa, la reine de l'eau. Béa est une baleine bleue connue pour sa sagesse et sa gentillesse. Elle vit depuis 1000 ans dans les profondeurs de l'eau. Nous allons maintenant partir à sa rencontre. Je vais compter jusqu'à trois, et nous allons aller sous l'eau. On y va. Un, deux, trois. Waouh ! Aussitôt sous l'eau, des petites nageoires apparaissent à la place de tes bras, et tu découvres que tu peux respirer sous l'eau sans problème.

C'est magnifique ! Tu découvres un monde extraordinaire au fond de l'eau. Tu vois une belle tortue vert émeraude entourée de différents coquillages, puis des algues lumineuses qui les entourent. Ces algues ondulent avec les mouvements de l'eau. Deux poissons d'un jaune splendide vont s'y cacher. Il y a aussi un poisson tout plat qui a une bouche rigolote et qui se déplace en tortillant.

Parmi tout ce petit monde qui vit et nage paisiblement autour de toi, tu aperçois au loin une forme qui se fait de plus en plus nette à mesure qu'elle se rapproche de toi. C'est une baleine bleue immense. C'est Béa. Elle nage calmement vers toi, et à son passage, tous les poissons se déplacent. Elle s'arrête devant toi et se présente.

"Bonjour à toi, cher ami de l'océan. Je suis Béa, la baleine bleue, ravie de te rencontrer. Grimpe sur mon dos, et ensemble, explorons les profondeurs de l'océan."

Tu te hisses sur le dos de Béa, et aussitôt, elle reprend son élégante nage, te transportant à travers les mystères des fonds marins. Autour de toi, tu vois des bancs de poissons de toutes les couleurs, des coraux qui abritent toute une vie marine, et des méduses toutes transparentes.

"Respecter les autres, c'est comprendre que chacun a sa place dans ce grand théâtre de la vie. Les poissons, les tortues, les coraux, et même les humains, nous sommes tous connectés d'une manière ou d'une autre," t'explique Béa.

"C'est pourquoi nous devons faire de notre mieux pour respecter les autres et protéger notre environnement."

Béa te ramène doucement à la surface, où le soleil brille à travers les vagues. "Merci d'avoir partagé ce moment avec moi. N'oublie jamais que le respect envers les autres et notre environnement est la clé d'un avenir meilleur. À bientôt, cher ami des océans."

Le doux son des vagues t'entoure alors que tu ouvres doucement les yeux, ramené à la réalité.

Courir sur les nuages

Se détendre et se relaxer pour dormir

Allonge toi confortablement sur ton canapé ou sur ton lit, recouvre-toi d'une bonne couverture ou d'un plaid pour ne surtout pas avoir froid, nous partons ensemble pour une fabuleuse aventure. Concentre-toi sur ce que tu entends petit à petit, tu perçois des petits gazouillis, puis le chant des oiseaux. Commence à prêter attention à la détente que tu ressens dans ton corps. Tu es bien au chaud, en sécurité dans ta maison. Il n'y a rien à faire à part apprécier cet instant de détente et de calme.

Tu es tout détendu, rien qu'en écoutant le chant des oiseaux. Respire calmement et profondément. Puis, laisse petit à petit tes yeux se fermer. Imagine devant toi un magnifique champ de nuages dans lequel volent des petits oiseaux.

Tout à coup, tu reconnais des rouges-gorges et des petits rossignols. Qu'ils sont beaux, leurs plumes sont rouges, oranges et bleues. Tu vois un petit lapin courir devant toi, et tu peux aller le rejoindre, car sur ces nuages, on peut marcher, on peut sauter sans jamais risquer de tomber.

Tu avances sur les nuages en suivant le lapin, et à mesure que tu progresses, tu deviens de plus en plus détendu. Tu te sens devenir de plus en plus léger à chacun de tes pas. Tu flottes de plus en plus haut, et tu deviens de moins en moins lourd. Tu laisses ton corps se détendre sans même y réfléchir.

Tu peux tendre les bras et sentir les petites mésanges voler autour de toi, à côté de tes mains. Elles te regardent en souriant, car je crois que c'est la première fois qu'elles voient un enfant sur les nuages. Tu respires calmement, et tu te sens de plus en plus détendu. Tu sens la chaleur des rayons du soleil qui réchauffe ton visage. Tu es calme et détendu, comme dans un rêve merveilleux.

Tu peux maintenant porter ton attention sur ta respiration, pour observer ce que ton souffle est en train de faire. Sens ton ventre qui se gonfle et se dégonfle de plus en plus calmement. Ta respiration va et vient, faisant battre ton corps à son rythme tout tranquillement. Viens t'asseoir si tu veux sur ce gros nuage avec le lapin. Regarde comme le ciel est bleu, les rayons du soleil se réchauffent, et tu te sens parfaitement détendu.

Voilà, tu es maintenant vraiment bien reposé et détendu. Tu peux rester à écouter le chant des oiseaux et courir sur les nuages avec le lapin, mais tu peux aussi, quand tu en auras envie, commencer à bouger tout doucement le bout de tes doigts, commencer à bouger tout doucement tes pieds, tes bras, et revenir là où tu es, mais rassure-toi, tu pourras revenir quand tu voudras.

Au-delà des hauteurs

Surmonter ses phobies

Il était une fois, dans un petit village niché entre les montagnes, une jeune fille nommée Luna. Luna avait une phobie : elle était terrifiée par les hauteurs. Le simple fait de s'approcher du bord d'une falaise ou de monter à bord d'un avion la paralysait de terreur.

Luna se sentait prisonnière de cette phobie. Ses amis du village, inquiets pour elle, décidèrent de l'aider à surmonter sa peur. Ils organisèrent une réunion pour discuter de la meilleure façon de soutenir Luna.

C'est ainsi qu'un plan fut élaboré. Les habitants du village, animés d'une grande bienveillance, décidèrent de créer une série d'épreuves progressivement plus difficiles, chaque défi visant à aider Luna à vaincre sa peur des hauteurs.

Le premier défi consistait en une simple marche sur une planche placée à quelques centimètres du sol. Luna hésita au début, mais avec l'encouragement de ses amis, elle réussit à franchir cette première étape.

Chaque défi augmentait en difficulté, mais à chaque étape, Luna montrait un courage remarquable. Elle monta des marches de plus en plus hautes, traversa des ponts suspendus et finalement, atteignit le sommet d'une tour. Chaque réussite était célébrée par tous ses amis, et Luna se découvrait une force intérieure qu'elle ne soupçonnait pas.

Cependant, le défi ultime restait à relever : grimper jusqu'au sommet de la plus haute montagne qui entourait le village. C'était la plus grande frayeur de Luna, elle hésita, face à sa plus grande crainte. Mais ses amis, qui l'avaient accompagnée tout au long de son voyage, l'encouragèrent tous en chœur : "Allez Luna, tu peux le faire ! On croit en toi."

Luna se décida et s'exclama : "Vous avez raison, je vais gravir cette montagne, elle ne me fait plus peur !" À mesure que Luna grimpait, elle se rendit compte que la peur, bien que toujours présente, pouvait être surmontée. Elle découvrit une vue magnifique depuis les hauteurs. Ses amis la rejoignirent au sommet, en la prenant dans leurs bras. Luna était si fière d'elle.

De retour au village, Luna n'était plus la jeune fille enfermée dans l'ombre de sa peur. Elle était devenue une source d'inspiration pour tous.

Fin.

L'envol de la peluche

Discuter même quand c'est difficile

Aujourd'hui, prépare-toi pour une aventure extraordinaire ! Installe-toi confortablement dans un endroit spacieux où tu te sens bien. Et surtout, n'oublie pas d'inviter ton super oreiller ou ta peluche préférée, car on s'apprête à vivre un moment super chouette !

Maintenant, prends délicatement ta peluche dans tes mains. Serre-la fort contre toi et respire profondément.

Imagine un moment un peu difficile, peut-être avec un ami, un membre de la famille, ou même à l'école. Prends ton temps pour te rappeler ce moment, mais n'aie aucune inquiétude, car on est là pour le rendre plus léger et plus joyeux.

Imagine que ta peluche est cette personne. En te concentrant sur elle, parle-lui, explique-lui pourquoi tu te sens un peu triste, partage ce qui t'a dérangé dans ce moment. Est-ce que tu ressens une réponse de ta peluche ? Peut-être qu'elle te comprend super bien et a des pouvoirs magiques d'écoute !

Exprime tout ce que tu as sur le cœur, pourquoi tu t'es senti blessé. Explique calmement, comme tu le ferais à un ami.

Et maintenant, si tu en as envie, tu peux lancer ton oreiller ou ta peluche aussi fort que tu le souhaites ! 3, 2, 1, c'est parti ! Libérons toute cette énergie qui nous embête !

Ramasse délicatement ton doudou. Si tu le veux, offre-lui un gros câlin et dis-lui merci d'avoir joué avec toi.

Félicitations pour la confiance que tu as accordée à ta peluche. Exprimer ce que l'on ressent n'est pas toujours facile, mais c'est un exercice essentiel pour construire des amitiés et des relations harmonieuses. L'exercice est terminé, tu peux être super fier de toi. Prends une grande respiration et n'hésite pas à remercier encore une fois ton doudou.

FIN

Éditions
MILLE ET UNE

Éditions
MILLE ET UNE

Printed by Amazon Italia Logistica S.r.l.
Torrazza Piemonte (TO), Italy